ORDONNANCE
DU ROI,

Concernant la Conſtitution & Adminiſtration de l'Hôtel royal des Invalides, les Officiers, bas Officiers & Soldats penſionnés.

Du 17 Juin 1776.

DE PAR LE ROI.

SA MAJESTÉ étant informée que les dépenſes de l'Hôtel royal des Invalides, excèdent conſidérablement les revenus qui lui ſont affectés, & qu'il eſt devenu indiſpenſable de prendre chaque année, ſur les fonds de l'Extraordinaire des guerres, ceux néceſſaires à l'acquittement des penſions des Officiers, bas Officiers & Soldats invalides retirés dans les provinces; Elle s'eſt fait repréſenter les anciens Règlemens de l'Hôtel royal des Invalides: Et voulant rappeler à ſon inſtitution primitive un Établiſſement auſſi digne de ſa bienfaiſance & de ſa protection, Elle a ordonné & ordonne ce qui ſuit:

L

TITRE PREMIER.

Suppression & rétablissement de l'Administrat de l'Hôtel.

ARTICLE PREMIER.

TOUS les Officiers de l'État-major, de l'administrat de l'Hôtel, y compris le Clergé, la Prévôté, les Offici de santé, les Employés dans les bâtimens, dans les burea les personnes aux gages de l'Hôtel, & généralement to celles employées, de quelqu'espèce qu'elles puissent être, qui se trouvent à la charge dudit Hôtel, seront & dem reront supprimés à l'époque du 1.er Juillet prochain, fi pour l'exécution de la présente Ordonnance: Sa Majesté réservant d'accorder aux Officiers militaires & de l'ad nistration, & aux autres Employés qui ne seront pas remplac les pensions sur les revenus de l'Hôtel, dont ils ser susceptibles par l'ancienneté de leurs services.

2.

SA MAJESTÉ desirant de rétablir la constitution, l'adr nistration, la police & la discipline de l'Hôtel royal Invalides, de la manière la plus conforme à l'esprit des anci Règlemens, Elle veut & entend que ledit Hôtel soit con tué, administré & gouverné à l'avenir ainsi qu'il sera déta ci-après.

3.

L'ÉTAT-MAJOR de l'Hôtel sera composé, à comp du 1.er Juillet prochain:

SAVOIR;

GRAND ÉTAT-MAJOR.

D'UN Gouverneur, lequel sera choisi dans le nombre Officiers généraux.

D'un Directeur, lequel sera choisi dans le nombre des Comn saires des guerres.

D'un Major, lequel sera choisi dans le nombre des Lieutenans-colonels.

De quatre Aides-major, lesquels seront choisis dans le nombre des Capitaines.

D'un Trésorier.

D'un Secrétaire-garde des Archives.

PETIT ÉTAT-MAJOR.

D'UN Curé & quatre Prêtres; un Organiste, un Serpent & quatre Enfans de chœur.

D'un Médecin.

D'un Architecte.

D'un Piqueur.

D'un Chirurgien-major.

D'un second gagnant Maîtrise, & deux Élèves.

D'un Apothicaire gagnant Maîtrise.

D'un Garde-magasin.

De quatre Suisses.

D'un Facteur.

D'un Économe.

D'un Chef de cuisine.

De quatre Aides.

De douze Garçons.

De douze Valets.

De deux Balayeurs.

L'intention de Sa Majesté est qu'il ne puisse y avoir à l'avenir d'autres Employés à la charge de l'Hôtel, que ceux désignés dans le présent article.

4.

A compter du jour de l'exécution de la présente Ordonnance, Sa Majesté n'entretiendra à l'Hôtel que six Lieutenans-colonels, douze Commandans de bataillon, ou Majors; soixante Capitaines de la première & seconde classe, deux cents Lieutenans, soixante Maréchaux-des-logis, deux cents douze bas Officiers & neuf cents cinquante Soldats:

Son intention étant que le nombre n'en puiſſe être augmenté ſous quelque prétexte que ce ſoit, Elle entend que parmi les Officiers, bas Officiers & Soldats déſignés, il y ait, proportionnellement à leur grade, cent places vacantes, uniquement deſtinées, pendant le courant de chaque année, aux Officiers, bas Officiers ou Soldats invalides, dont l'admiſſion à l'Hôtel ne pourroit être différée par le genre de leurs infirmités ou de leurs bleſſures. Les Invalides penſionnés qui ne ſe trouveroient pas dans le cas expliqué ci-deſſus, & qui auroient beſoin cependant d'être admis dans les Hôpitaux de charité, continueront à y être reçus, conformément aux diſpoſitions de l'article 28 de l'Ordonnance du 17 avril 1772.

5.

L'HÔTEL royal des Invalides, ne pouvant entretenir à l'avenir que les quinze cents hommes déſignés par l'article précédent, y compris les cent places vacantes; défend expreſſément Sa Majeſté que le nombre de quinze cents hommes puiſſe être augmenté à l'avenir, dans quelques circonſtances & ſous quelque prétexte que ce puiſſe être.

6.

AUCUN Officier, bas Officier ou Soldat ne pourra être admis à l'Hôtel royal des Invalides, à moins qu'il n'ait des bleſſures ou des infirmités qui le rendent impotent, au point de le priver de tous les moyens de pourvoir, par ſon travail ou ſon induſtrie, à ſa ſubſiſtance.

Au défaut des hommes déſignés ci-deſſus, leſquels obtiendront toute préférence, Sa Majeſté n'admettra aux places vacantes que les Officiers, bas Officiers ou Soldats qui auront ſoixante-dix ans révolus; défendant expreſſément au Gouverneur de l'Hôtel & au Directeur, de recevoir & de reconnoître à l'avenir aucun Officier, bas Officier ou Soldat invalide qui obtiendroit ſon admiſſion, & qui ne ſe trouveroit pas dans le cas expliqué dans le préſent article.

7.

AUCUN Officier, bas Officier ou Soldat invalide, ne

pourra être admis à l'Hôtel, ſans un ordre exprès du Secrétaire d'État ayant le département de la guerre, lequel fera mention des bleſſures, des infirmités ou de l'âge qui le rendront ſuſceptible d'y être admis, conformément aux diſpoſitions de l'article précédent.

8.

Il ne pourra y avoir dans le courant de l'année, d'autres admiſſions que celles relatives aux cent places vacantes, expreſſément réſervées aux cas prévus par l'article 4.

9.

Il ſera dreſſé chaque année, à l'époque du premier Décembre, par le Directeur de l'Hôtel, un état des remplacemens à faire indépendamment des cent places réſervées, lequel ſera approuvé par le Gouverneur dudit Hôtel, & adreſſé au Secrétaire d'État de la guerre, qui ordonnera ſeul les remplacemens: Dès que l'état approuvé de lui, ſera parvenu au Gouverneur de l'Hôtel, il propoſera à chacun des Intendans des provinces, le nombre d'Officiers, bas Officiers & Soldats invalides, qui pourront être admis audit Hôtel, proportionnellement à celui des Invalides retirés dans leurs généralités; & leſdits Intendans ſe feront rendre compte par les Commiſſaires des guerres employés dans leur généralité, des hommes qu'ils croiront les plus ſuſceptibles de cette grâce, conformément aux diſpoſitions de l'article 6.

10.

Dès que les propoſitions mentionnées dans l'article précédent, ſeront parvenues au Gouverneur de l'Hôtel, & qu'elles auront été approuvées par le Secrétaire d'État de la guerre, il fera adreſſer à chaque Intendant, les routes ſur leſquelles les Invalides ſe rendront à l'Hôtel.

11.

Les hommes hors d'état de continuer leurs ſervices, & qui conformément aux diſpoſitions de l'article 9 du titre VIII de l'Ordonnance d'adminiſtration, auront opté pour l'Hôtel royal des Invalides, ne ſeront admis audit Hôtel, qu'autant qu'il ſe trouvera des places vacantes, & en attendant jouiront dans le lieu où ils se retireront, de la pension militaire attribuée à leur grade, en se conformant aux dispositions de l'Ordonnance du 17 avril 1772.

12.

LES infirmeries de l'Hôtel devant être proportionnées à l'avenir au nombre d'hommes existant, tel qu'il est fixé par l'article 4; défend Sa Majesté au Gouverneur & au Directeur, d'admettre, sous quelque prétexte que ce soit, aucun Officier, bas Officier & Soldat pensionné étranger ou commensal de la Maison du Roi, à moins que ce ne soit pour des circonstances particulières, & sur un ordre exprès du Secrétaire d'État ayant le département de la guerre; l'intention de Sa Majesté étant alors de pourvoir particulièrement à la dépense de ces admissions, afin qu'elles ne puissent être à la charge des fonds de l'Hôtel.

13.

L'HÔTEL royal des Invalides, continuera de jouir des priviléges qui lui ont été successivement accordés; l'intention du Roi étant que les Officiers supérieurs & autres de l'État-major, les Officiers, bas Officiers & Soldats, & les Employés audit Hôtel, soient maintenus & conservés dans lesdits priviléges, en tout ce qui ne seroit pas contraire aux dispositions de la présente Ordonnance.

TITRE II.

Administration & Police.

ARTICLE PREMIER.

LE Secrétaire d'État ayant le département de la guerre, gouvernera supérieurement l'Hôtel royal des Invalides, en sa qualité d'Administrateur général; & le Gouverneur de l'Hôtel remplira sous ses ordres, toutes les fonctions relatives à son gouvernement, & à l'inspection générale qui lui est conservée des Compagnies détachées & des Invalides pensionnés du royaume.

2.

LE Directeur de l'Hôtel, veillera ſous les ordres du Gouverneur, à la police générale de l'Hôtel & à tout ce qui peut concerner l'exécution de la préſente Ordonnance, dont il rendra compte au Secrétaire d'État ayant le département de la guerre & audit Gouverneur: L'intention de Sa Majeſté eſt, que le Tréſorier de l'Hôtel ne puiſſe faire aucun payement que ſur les ordonnances particulières du Directeur, leſquelles ſeront toujours motivées, & ne pourront être reconnues par ledit Tréſorier, qu'autant qu'elles ſeront approuvées du Gouverneur.

3.

LE Major remplira les fonctions du Gouverneur en ſon abſence, & veillera ſous ſes ordres, de concert avec le Directeur, à tout ce qui aura rapport à la police dudit Hôtel.

4.

L'AIDE-MAJOR le plus ancien, remplira les fonctions du Major en ſon abſence; l'intention du Roi étant que le Major reçoive directement les ordres du Gouverneur, & que les Aides-major ne puiſſent ſe diſpenſer, ſous aucun prétexte que ce ſoit, d'exécuter ceux qui leur ſeront donnés directement par le Major.

5.

TOUS les Officiers ſupérieurs de l'adminiſtration & tous les Employés au ſervice de l'Hôtel, ſeront aux ordres du Gouverneur & du Directeur.

6.

VEUT Sa Majeſté, que tout Employé qui ne remplira pas ſes fonctions avec le zèle & l'exactitude preſcrits pour le ſervice du Roi, ſoit privé ſur le champ de ſon emploi, & qu'il ſoit propoſé au Secrétaire d'État ayant le département de la guerre, à ſon remplacement par le Directeur, avec l'approbation du Gouverneur.

7.

L'INTENTION de Sa Majeſté eſt, que tous les Officiers ſupérieurs de l'État-major, & ceux déſignés dans le petit

Etat-major par l'article 3 du titre I.er ne puiſſent ſe diſpenſer ſous aucun prétexte, d'habiter journellement à l'Hôtel & d'y occuper les logemens qui leur ſeront deſtinés: Défendant expreſſément Sa Majeſté au Directeur, de faire payer leurs appointemens à ceux qui contreviendroient aux diſpoſitions du préſent article; & enjoignant au Gouverneur de l'Hôtel d'en rendre compte au Secrétaire d'État de la guerre, afin qu'il ſoit nommé à leur emploi.

8.

L'INTENTION de Sa Majeſté étant de ne permettre, ſous quelque prétexte que ce ſoit, qu'il ſoit accordé à l'avenir des logemens à l'Hôtel à d'autres perſonnes qu'à celles employées à ſon ſervice, & déſignées par la préſente Ordonnance; Elle défend expreſſément au Gouverneur & au Directeur d'en laiſſer occuper à qui que ce ſoit, ſous peine d'en répondre perſonnellement.

9.

SA MAJESTÉ veut bien permettre que les femmes des Officiers du grand État-major, & celles du Médecin, de l'Architecte & du Chirurgien-major, partagent avec leurs maris les logemens qui leur ſont deſtinés; mais Elle défend expreſſément aux autres Employés d'occuper avec leurs femmes les logemens qui leur ſeront affectés, ſous peine d'être privés de leurs emplois; diſpenſe néanmoins de la rigueur de cet article les femmes qui habitent actuellement dans l'Hôtel.

10.

LES deux cents ſoixante-dix-huit Officiers conſervés à l'Hôtel par l'article 4 du Titre I.er, ſeront diſtribués en trois diviſions, leſquelles ſeront chacune ſous le commandement de deux Officiers nommés par le Gouverneur: L'intention du Roi étant que les Commandans de diviſion ſe conforment à tout ce qui leur ſera preſcrit par le Gouverneur; qu'ils veillent à la police des Officiers qui ſeront ſous leurs ordres, & qu'ils rendent compte journellement au Major de l'Hôtel & aux Aides-major de ſervice, de tout ce qui aura rapport à leur diviſion concernant la police des Officiers, & les plaintes qu'ils pourroient avoir à faire ſur leur ſubſiſtance & leur entretien.

11.

LE Major de l'Hôtel rendra journellement compte au Gouverneur, des rapports des Commandans de diviſion, & informera le Directeur, des plaintes relatives à l'adminiſtration, afin qu'il y ſoit pourvu ſur le champ.

12.

LES douze cents vingt-deux Maréchaux-des-logis, bas Officiers & Soldats, conſervés à l'Hôtel, ſeront diſtribués en douze diviſions, leſquelles ſeront commandées chacune par un Capitaine, deux Lieutenans, quatre Maréchaux-des-logis & huit bas Officiers; de manière que chaque bas Officier puiſſe avoir douze hommes environ ſous ſon inſpection, le Maréchal-des-logis vingt-cinq hommes, le Lieutenant cinquante hommes: & que les comptes, graduellement rendus au Capitaine, lui donnent une connoiſſance exacte de tout ce qui pourra avoir rapport à la police & à l'adminiſtration de ſa diviſion, de laquelle il informera le Major ou l'Aide-major de ſervice, ainſi qu'il eſt preſcrit par l'article 10.

13.

AUCUN Officier ne pourra découcher de l'Hôtel ſans en avoir obtenu la permiſſion du Gouverneur, ſur la demande qui en ſera faite par le Commandant de ſa diviſion; tout Officier qui ne ſe rendra pas aux heures indiquées pour les repas, ſera réputé abſent pour les diſtributions: ordonne Sa Majeſté qu'ils ne puiſſent être ſervis qu'en commun, & proportionnellement à leur nombre effectif, à l'heure indiquée pour chaque repas.

14.

LES Maréchaux-des-logis, bas Officiers & Soldats claſſés dans chaque diviſion, ne pourront découcher de l'Hôtel ſans une permiſſion ſignée du Capitaine de la diviſion,

L 5

approuvée du Gouverneur, visée du Directeur & du Major; &, dans le cas où ils ne se trouveroient pas à l'appel, qui sera fait tous les soirs par les Commandans des divisions après la retraite, ils seront arrêtés par la garde, & consignés à l'Hôtel pendant quinze jours.

15.

Tous les Commandans de divisions seront tenus de faire trois appels par jour, lesquels seront signés d'eux, afin qu'ils puissent répondre personnellement de leur exactitude; le premier à l'heure du lever, le second au dîner, & le troisième au souper: Il sera fait à chacune de ces époques, une inspection par l'Aide-major de service, lequel recevra lesdits appels des Commandans de division, en formera ensuite le rapport général, dont le Major remettra une expédition au Gouverneur, & en fera passer un double au Directeur, signé de lui.

16.

Les Maréchaux-des-logis, bas Officiers & Soldats, qui ne se trouveront pas aux appels prescrits pour les heures des repas, seront privés de leur subsistance; l'intention du Roi étant qu'ils ne puissent vivre qu'en commun, qu'il ne leur soit fait aucune distribution particulière, & qu'ils ne puissent, sous aucun prétexte, rien emporter hors des salles destinées à leurs repas, à l'exception de leur pain.

Ceux qui seront arrêtés sortant de l'Hôtel avec telle espèce de subsistance que ce puisse être, seront mis sur le champ en prison, & punis plus ou moins rigoureusement par le Gouverneur, suivant l'exigence des cas.

17.

Les Employés attachés au service de l'Hôtel dans les cuisines, & les Valets, qui voleront des meubles, ustensiles, effets, linge ou vaisselle, appartenans au Roi, & qui seront pris en flagrant délit, seront mis au Conseil de guerre sur la réquisition du Major, & condamnés aux galères, d'après les charges résultantes de l'information.

18.

TOUT Employé dans les cuiſines ou Valet, qui emportera des ſubſiſtances hors de l'Hôtel, telles que du pain ou de la viande, ſera arrêté par la Garde, mis en priſon, & chaſſé par le Gouverneur & le Directeur, après avoir ſubi la peine à laquelle il ſera proviſoirement condamné ſuivant l'exigence des cas.

19.

IL ſera fourni tous les jours aux Cuiſiniers des différentes diviſions d'Officiers, ſur le certificat du Commandant de chaque diviſion, ſigné de lui, & certifié par l'Aide-major de ſervice, une ration pour chacun des préſens & effectifs, laquelle ſera compoſée d'une livre un quart de pain blanc, de cinq demi-ſetiers de vin, & d'une livre & demie de viande; Sa Majeſté voulant bien convertir en légumes, la demi-livre de viande qu'ils avoient de plus précédemment. La conſommation du bois affecté à la cuiſine de chaque diviſion, ſera réglée d'après le compte qui en ſera rendu au Secrétaire d'Etat de la guerre.

20.

IL ſera également fourni tous les jours aux bas Officiers chargés du détail de chaque diviſion, une ration pour chacun des hommes préſens & effectifs, laquelle ſera compoſée d'une livre ſix onces de pain bis-blanc, d'une demi-livre de viande, d'une portion de légumes, d'une chopine de vin pour les Soldats, & d'une chopine & demie pour les Maréchaux-des-logis & bas Officiers. Le bois néceſſaire aux marmites affectées à chaque diviſion, ſera également réglé ſur un état arrêté par le Secrétaire d'État de la guerre.

21.

LES diſtributions d'alimens, d'habillemens, de linge & autres, ſeront toujours faites à des heures expreſſément indiquées par le Gouverneur & le Directeur: Enjoint Sa Majeſté aux Aides-major, qui ſeront chaque jour de ſervice, de ne ſe diſpenſer, ſous aucun prétexte, d'être préſens auxdites diſtributions, d'en ſigner les reçus avec les Commandans des divifions; & lorfqu'il fera délivré par les Fourniffeurs, des alimens ou autres fournitures quelconques, qui ne leur paroîtroient pas recevables, l'intention du Roi eft qu'il en foit rendu compte au Gouverneur & au Directeur, lefquels feront remplacer lefdites fournitures aux dépens de l'Entrepreneur, le condamneront à une amende fuivant l'exigence des cas, & en rendront compte au Secrétaire d'État ayant le département de la guerre: Déclarant Sa Majefté qu'elle rendra les Aides-major de jour, refponfables de l'inexactitude qu'ils pourroient apporter dans les fonctions qui leur font prefcrites.

22.

LE Directeur & le Major vérifieront toutes les fois qu'ils le jugeront à propos, les appels des Commandans de divifion, & s'affureront de l'exactitude avec laquelle les Aides-major rempliront les fonctions qui leur font prefcrites par les articles 14, 15, 16, 19, 20 & 21; l'intention de Sa Majefté étant qu'ils puiffent renouveler en leur préfence, lefdits appels enfemble ou féparément, toutes les fois qu'ils le croiront néceffaire.

23.

LORSQUE le Gouverneur jugera à propos de faire une infpection générale ou particulière de chaque divifion & des fournitures qui leur feront deftinées, il en fera prévenir le Directeur, & fe rendra avec lui auxdites divifions, accompagné du Major & de l'Aide-major de fervice.

24.

LES infirmeries de l'Hôtel, feront affujetties pour leur adminiftration & police, à tout ce qui s'obferve dans les Hôpitaux militaires du royaume; elles feront journellement infpectées quant à la partie médicale, par le Médecin & le Chirurgien-major, lefquels feront tenus, chacun en ce qui le concerne, de donner un rapport figné d'eux, au Gouverneur & au Directeur, dans la forme qui leur fera indiquée. L'Aide-major de jour, fera tenu également de remettre chaque jour au Major, un rapport figné de lui, lequel conftatera les vifites qu'il fera tenu de faire le matin & le ſoir aux infirmeries; leſdits rapports viſés du Major, ſeront remis chaque jour par lui, au Gouverneur, & les doubles adreſſés au Directeur de l'Hôtel.

25.

SA MAJESTÉ jugeant à propos de régler définitivement, les gratifications des Officiers de l'Hôtel, qui n'étoient que de trois livres indiſtinctement, pour chaque Officier par mois, avant l'Ordonnance du 9 ſeptembre 1749, Elle a fixé à l'avenir, à douze livres par mois celle des Lieutenans-colonels des première & ſeconde claſſe; à neuf livres par mois celle des Commandans de bataillon ou Major; à ſix livres par mois celle des Capitaines des première & ſeconde claſſe; à trois livres par mois celle des Lieutenans; à une livre quatre ſous, ſeize ſous & douze ſous celle des Maréchaux-des-logis, des bas Officiers & Soldats.

L'intention du Roi étant de ne point priver les Officiers, Maréchaux-des-logis, bas Officiers & Soldats, qui reſteront à l'Hôtel au moment de l'exécution de l'Ordonnance, des gratifications dont ils jouiſſent; celles fixées par le préſent article, ſeront ſucceſſivement accordées aux Officiers, Maréchaux-des-logis, bas Officiers & Soldats qui y rempliront les places vacantes.

26.

LES fournitures d'habillement, linge & chauſſure continueront d'être faites telles qu'elles l'étoient précédemment, & aux mêmes époques; mais elles ſeront uniquement bornées aux Officiers, Maréchaux-des-logis, bas Officiers & Soldats exiſtans à l'Hôtel : Sa Majeſté ſe réſervant de pourvoir ſur les fonds de l'Extraordinaire des guerres, à ce qu'Elle jugera à propos de ſtatuer ſur l'habillement des Soldats qui ont obtenu des grands congés.

27.

LE Directeur & le Major feront tous les mois une viſite exacte des lits, meubles & effets renfermés dans les chambres occupées par les Officiers, Maréchaux-des-logis, bas Officiers & Soldats; ils conſtateront également le nombre & la qualité des effets néceſſaires aux cuiſines & au ſervice des ſalles à manger, & il ſera pourvu ſur le champ, d'après les états qui en ſeront dreſſés & ſignés du Major, à la réparation & au remplacement deſdits effets par le Directeur, ſur le compte qu'il en rendra au Gouverneur.

28.

Le Directeur & le Major feront également, à la fin de chaque mois, accompagnés de l'Architecte de l'Hôtel & du Piqueur, une viſite générale des bâtimens de l'Hôtel, & il ſera pourvu ſur le champ aux menues réparations, ſur le devis qui en ſera dreſſé par l'Architecte, ſigné du Major & approuvé du Directeur, lequel en ordonnera la dépenſe, après en avoir rendu compte au Gouverneur: Quant aux groſſes réparations, il en ſera ſeulement dreſſé un devis dans la forme preſcrite ci-deſſus; mais la dépenſe ne pourra en être ordonnée par le Directeur, & approuvée par le Gouverneur, qu'autant qu'elle ſera autoriſée par le Secrétaire d'État de la guerre, d'après le compte qui lui en ſera rendu.

29.

Toutes les fournitures relatives au ſervice de l'Hôtel, qui ſeront jugées pouvoir être miſes en entrepriſe, d'après les déciſions du Secrétaire d'État ayant le département de la guerre, ſeront affichées & inſérées dans les papiers publics, un mois avant leur adjudication; on y indiquera le Notaire chargé de recevoir les ſoumiſſions; & à l'époque de l'adjudication, qui ſe fera à l'Hôtel, en préſence du Gouverneur, du Directeur, du Major, des Aides-major, du Tréſorier & du Secrétaire, leſdites fournitures ſeront allouées aux fourniſſeurs, qui, en donnant des cautions valables, ſe réduiront aux prix les plus avantageux au ſervice du Roi; leſdits marchés ſeront paſſés par le Secrétaire-garde des Archives, ſignés du Major & du Tréſorier, viſés par le Gouverneur, arrêtés par le Directeur, & approuvés par le Secrétaire d'État ayant le département de la guerre.

30.

L'intention de Sa Majeſté étant que le Tréſorier

de l'Hôtel ne puiſſe éprouver aucun retard dans la rentrée des ſommes affectées à ſes revenus, Elle ordonne aux Tréſoriers généraux de l'ordinaire & de l'extraordinaire des guerres, à ceux de l'Artillerie, des Maréchauſſées, des compagnies des Gardes de Monſieur & de Monſieur le Comte d'Artois, de payer tous les deux mois au Tréſorier de l'Hôtel, les Trois deniers pour livre des ſommes provenant de la ſolde des troupes ſur les revues des Commiſſaires des guerres; défendant Sa Majeſté au Tréſorier de l'Hôtel, de recevoir autrement qu'en argent comptant, leſdits payemens, ſous peine d'en répondre perſonnellement: Les différentes ſommes aſſujetties aux Trois deniers pour livre, autres que celles mentionnées ci-deſſus, & qui ſe payent par leſdits Tréſoriers généraux, pour le ſervice des troupes, ſeront conſtatées par le Secrétaire d'État ayant le département de la guerre, lequel fera paſſer au Tréſorier de l'Hôtel royal des Invalides les ordonnances, en vertu deſquelles il recevra des Tréſoriers généraux les Trois deniers pour livre deſdites ſommes.

31.

LE Directeur de l'Hôtel formera à la fin de chaque mois, un état de la dépenſe générale de l'Hôtel pendant ledit mois, dans lequel il diſtinguera les objets fixes & journaliers, & les dépenſes extraordinaires, qui ne pourront être compriſes dans ledit état, qu'autant qu'elles auront été autoriſées par des bons du Secrétaire d'État ayant le département de la guerre, leſquels ſerviront de pièces juſtificatives: Chaque état de mois ſera fait double, certifié du Directeur, viſé du Gouverneur, & préſenté par eux au Secrétaire d'État, qui après l'avoir examiné & approuvé, en remettra une expédition ſignée de lui au Directeur: Les états de mois conſtateront la ſituation de l'Hôtel, & par la balance des recettes & dépenſes, établiront la ſituation du Tréſorier.

32.

LA réunion des états mentionnés dans l'article précédent, devant ſervir à la fin de chaque année, à la rédaction du compte général de recette & de dépenſe de l'Hôtel, ledit compte ſera préſenté par le Gouverneur & le Directeur, au Secrétaire d'État ayant le département de la guerre, avec les différentes pièces à l'appui, leſquelles ſeront viſées d'eux, & reſteront avec une expédition dudit compte, approuvée du Secrétaire d'État ayant le département de la guerre, dans les archives de l'Hôtel, pour y avoir recours au beſoin: L'intention du Roi étant que l'arrêté du Secrétaire d'État, mis au bas du compte général, termine valablement & définitivement chaque année, la comptabilité relative à l'adminiſtration dudit Hôtel.

33.

ÉTANT néceſſaire de conſtater définitivement la ſituation générale de l'Hôtel, par rapport à ſes recouvremens, à ſes dépenſes & à ſes charges, depuis le dernier compte rendu juſqu'à l'époque de l'exécution de la préſente Ordonnance; l'intention de Sa Majeſté eſt qu'il ſoit nommé ſur le champ, par le Secrétaire d'État ayant le département de la guerre, des Commiſſaires, à l'effet de procéder ſans délai à l'examen & apurement des comptes; leſquels arrêtés & approuvés par lui, en ſa qualité d'Adminiſtrateur général dudit Hôtel, opéreront la décharge valable du Tréſorier, & ſeront dépoſés dans les Archives.

TITRE III.

Appointemens & traitemens des Officiers du grand & du petit État-major, & des Employés à l'Hôtel.

ARTICLE PREMIER.

L'INTENTION de Sa Majeſté eſt, que les Officiers du grand & du petit État-major, ainſi que les Employés de l'Hôtel, jouiſſent des appointemens & du traitement qui leur ſera réglé ci-après:

SAVOIR;

GRAND ÉTAT-MAJOR.

[Margin note, partly cut off:] …es Officiers jouiront …épendamment de leurs …ointemens, des trai…ens qui leur seront …és pour l'abonnement …bois, lumière & blan…ssage, ainsi que pour …frais des bureaux du …uverneur, Directeur, …ajor, Trésorier & Se…taire.

Au sieur Baron d'ESPAGNAC, Gouverneur	24000#
Au sieur DE LA PONCE, Directeur	10000.
Au sieur DE GILIBERT, Major	7000.
Au sieur DE LA COUDRE… / Au sieur DONNEY / Au sieur DE LA POMMERAYE, / Au sieur DE LA JEANNIERE, — Aides-major, non compris leur nourriture comme Capitaines, 500 livres chacun.	2000.
Au sieur DE FREMINVILLE, Trésorier	8000.
Au sieur HECQUET, Secrétaire-Garde des Archives	4000.

PETIT ÉTAT-MAJOR.

Un Curé, quatre Prêtres, un Serpent & quatre Enfans de chœur, y compris le luminaire de l'Église & l'entretien des ornemens	10000.
Un Organiste	700.
Un Médecin	3000.
Un Architecte	2000.
Un Chirurgien-major	3000.
Un Second, gagnant maîtrise	350.
Deux Élèves, gagnant maîtrise, à chacun 100 livres	200.
Un Apothicaire, gagnant maîtrise	300.
Un Piqueur, lequel sera nourri à l'Hôtel	400.
Un Garde-magasin nourri à l'Hôtel	600.
Quatre Suisses nourris à l'Hôtel, à chacun 200 livres	800.
Un Facteur	300.
Un Économe nourri à l'Hôtel	1200.
Un Chef de Cuisine nourri à l'Hôtel	800.
Quatre Aides nourris à l'Hôtel, à chacun 200 livres	800.
Douze Garçons nourris à l'Hôtel, à chacun 150 livres	1800.
Douze Valets nourris à l'Hôtel, à chacun 100 livres	1200.
Deux Balayeurs nourris à l'Hôtel, à chacun 100 livres	200.

2.

SA MAJESTÉ voulant bien donner au sieur d'Aston, ci-devant Lieutenant-de-roi de l'Hôtel, une marque de satisfaction de ses anciens services, Elle lui conserve les appointemens dont il jouit, & les droits honorifiques de sa place.

Veut bien pareillement, Sa Majesté, accorder au sieur le Ray de Chaumont, ci-devant Intendant dudit Hôtel, une pension de douze mille livres, & le titre d'Intendant honoraire.

3.

L'INTENTION du Roi étant également de ne point priver le Médecin & le Chirurgien du traitement dont ils jouissent actuellement, Elle veut bien leur accorder en gratification annuelle l'excédant des sommes qui leur sont fixées en appointemens par l'article premier.

TITRE IV.

Service & Discipline de l'Hôtel.

ARTICLE PREMIER.

L'INTENTION de Sa Majesté est que le service militaire se fasse à l'Hôtel conformément aux dispositions de l'Ordonnance concernant le service des Places: Elle enjoint en conséquence au Gouverneur d'y assujettir les Officiers, Maréchaux-des-logis, bas Officiers & Soldats admis à l'Hôtel, en tout ce qui pourra être applicable au service dudit Hôtel; & déclare que les Maréchaux-des-logis, bas Officiers & Soldats, seront également assujettis aux différentes dispositions de celle concernant les crimes & délits militaires, relativement aux anciens règlemens de l'Hôtel.

2.

SA MAJESTÉ jugeant à propos de supprimer la compagnie des Fusiliers de l'Hôtel, portée à cent trois hommes par l'Ordonnance du 30 octobre 1741, il sera envoyé à l'Hôtel deux compagnies de bas Officiers Invalides; lesdites compagnies y vivront de leur solde, & seront seulement casernées audit Hôtel : L'intention du Roi étant qu'elles soient entretenues & payées sur les fonds de l'Extraordinaire des guerres, à l'instar de celle établie à l'Arsenal, sur les revues qu'en fera tous les deux mois le Directeur de l'Hôtel.

3.

LES compagnies établies dans l'article précédent, fourniront chaque jour les gardes nécessaires à la garniture des postes & à la police & discipline intérieure de l'Hôtel.

4.

TOUT particulier, étranger à l'Hôtel, qui y commettra un délit, sera provisionnellement mis en prison, & renvoyé par le Gouverneur à la Justice civile, pour y être puni suivant l'exigence des cas.

TITRE V.

Admission aux récompenses militaires.

ARTICLE PREMIER.

TOUT Officier, Maréchal-des-logis, bas Officier, Soldat, Cavalier, Dragon, Chasseur & Hussard, admis à l'Hôtel, ne pourra en sortir pour reprendre la pension dont il jouissoit, & passer aux Compagnies détachées.

2.

TOUT Officier, Maréchal-des-logis, bas Officier, Soldat, Cavalier, Dragon, Chasseur & Hussard, qui aura opté pour la pension de récompense militaire, pourra être admis à l'Hôtel, lorsqu'il y aura des places vacantes, conformément à l'*article 14 du Titre VIII* de l'Ordonnance portant règlement sur l'administration.

3.

SA MAJESTÉ ayant fait connoître ses intentions dans les articles 5, 8, 9, 10, 11, 13, 14, 15 & 16 du Titre VIII de l'Ordonnance du 25 mars, ſur les bleſſures, les infirmités & l'âge avancé qui pourront rendre ſuſceptibles les Officiers, Soldats, Cavaliers, Dragons, Chaſſeurs & Huſſards, des penſions de récompenſe militaire ou de leur admiſſion à l'Hôtel, d'après les certificats des Chirurgiens-major des régimens, leſquels conſtateront l'impoſſibilité abſolue de continuer à ſervir le Roi; Elle entend que ſi leſdits certificats étoient jugés inexacts par les Médecin & Chirurgien-major de l'Hôtel pour les hommes qui y feront admis, ou par les Médecins & Chirurgiens des provinces dans leſquelles ſe retireront les bas Officiers, Soldats, Dragons, Chaſſeurs & Huſſards penſionnés, leſdits Invalides ſeront alors rejetés de l'Hôtel ou privés de leurs penſions dans les provinces & renvoyés chez eux: L'inexactitude des certificats dont il eſt parlé ici, ſera conſtatée à l'Hôtel par le procès-verbal du Directeur, ſur le rapport du Médecin & Chirurgien de l'Hôtel, & il en ſera rendu compte ſur le champ au Secrétaire d'État de la guerre. Les Commiſſaires des guerres employés dans les provinces, conſtateront chacun dans leurs départemens l'inexactitude des certificats donnés aux bas Officiers, Soldats, Dragons, Chaſſeurs & Huſſards penſionnés qui s'y retireront, & en rendront compte aux Intendans des provinces; l'inténtion de Sa Majeſté étant de faire punir, ſuivant l'exigence des cas, les Chirurgiens-major des régimens, leſquels étant obligés de ſigner leſdits certificats, répondront perſonnellement de leur fidélité.

4.

L'INTENTION de Sa Majeſté étant de ne plus accorder à l'avenir les gratifications ſur l'Extraordinaire des guerres, dont jouiſſent quelques Officiers Invalides penſionnés attachés à la ſuite des places, des Compagnies détachées ou autrement: Elle veut bien conſerver celles compriſes dans l'état des ſix derniers mois 1775, mais Elle entend qu'elles ſoient éteintes à l'avenir: Se réſervant d'avoir égard à la ſituation de quelques Officiers, qui ne pouvant être admis à l'Hôtel, mériteroient la bienfaiſance du Roi.

5.

LES Capitaines & Lieutenans, qui ſe trouveront, d'après les diſpoſitions de la préſente Ordonnance, excéder le nombre de ceux qui ſeront conſervés à l'Hôtel, jouiront, ſur les fonds de l'extraordinaire des guerres, des penſions d'Invalides attachées à leur grade, & ſeront employés à la ſuite des Compagnies détachées avec le logement, en attendant leur remplacement dans leſdites compagnies ; à l'égard des Maréchaux-des-logis, bas Officiers & Soldats, ils ſeront envoyés dans les Compagnies détachées pour les completter, ou admis à la penſion d'Invalide de leur grade, en attendant leur remplacement dans leſdites Compagnies détachées. Sa Majeſté conſidérant que les Maréchaux-des-logis, bas Officiers & Soldats qui jouiront deſdites penſions, en vertu des diſpoſitions du préſent article, ſe trouvent, attendu leur ſortie involontaire de l'Hôtel, dans une exception favorable, donnera ſes ordres aux Intendans des provinces où ils ſe retireront, pour qu'il leur ſoit accordé, à leur arrivée dans leſdites provinces, une gratification extraordinaire; Elle ſe fera remettre également, par le Gouverneur de l'Hôtel, l'état des Maréchaux-des-logis, bas Officiers & Soldats qui ſe trouveroient, par des conſidérations particulières, plus ſuſceptibles encore des ſecours qu'ils doivent attendre de ſa bienfaiſance & de ſes bontés.

6.

SA MAJESTÉ prévoyant, qu'en temps de guerre le nombre d'hommes fixé pour l'Hôtel, pourroit devenir inſuffiſant, Elle ſe réſerve de placer proviſoirement les infirmes & les bleſſés dans les Hôpitaux militaires du royaume, en attendant qu'ils puiſſent être admis à l'Hôtel.

TITRE VI.

Exécution de l'Ordonnance.

ARTICLE PREMIER.

DÈS que le Gouverneur de l'Hôtel aura reçu les ordres du Roi, il sera dressé, par le Commissaire des guerres chargé de l'exécution de la présente Ordonnance, un procès-verbal qui constatera la nouvelle composition & constitution de l'Hôtel; il y joindra des états séparés, certifiés du Gouverneur, lesquels désigneront nominativement le nombre d'Officiers, Maréchaux-des-logis, bas Officiers & Soldats destinés à rester à l'Hôtel, à passer dans des Compagnies détachées, ou à jouir des pensions attachées à leurs grades dans les provinces où ils déclareront vouloir se retirer; il sera délivré des routes de la Cour aux Officiers, Maréchaux-des-logis, bas Officiers & Soldats, sur lesquelles ils se rendront à leurs différentes destinations.

2.

L'INTENTION de Sa Majesté est, que les anciens Règlemens de l'Hôtel, & les Ordonnances précédemment rendues, notamment celles des 1.er février 1763, 26 février & 30 novembre 1764, 21 mai, 1.er & 15 décembre 1766, 1.er janvier 1768, 16 avril, 4 août & 9 décembre 1771, & 17 avril 1772, aient leur exécution en tout ce qui ne se trouvera pas contraire aux dispositions de la présente.

MANDE & ordonne Sa Majesté, au sieur Comte de Saint-Germain, Secrétaire d'État ayant le département de la guerre, Directeur & Administrateur général de l'Hôtel royal des Invalides; au sieur Baron d'Espagnac, Maréchal-de-camp, Gouverneur, & au Directeur dudit Hôtel, aux Gouverneurs & Commandans de ses villes & places, aux Intendans en ses provinces, aux Commissaires des guerres, & à tous autres ses Officiers qu'il appartiendra, de tenir la main à l'exécution de la présente Ordonnance; laquelle sera lûe par le Major de l'Hôtel, aux Officiers, Maréchaux-des-logis, bas Officiers & Soldats existans lors de sa publication, audit Hôtel.

FAIT à Versailles le dix-sept juin mil sept cent soixante-seize. *Signé* LOUIS. *Et plus bas,* SAINT-GERMAIN.

A PARIS,
DE L'IMPRIMERIE ROYALE.

M. DCCLXXVI.

www.ingramcontent.com/pod-product-compliance
Ingram Content Group UK Ltd.
Pitfield, Milton Keynes, MK11 3LW, UK
UKHW020234180726
13838UKWH00005B/2379